नदी घर

[खंड काव्य]

नदी घर

कृष्ण किशोर

राजकमल प्रकाशन

ISBN : 978-93-90971-71-8

मूल्य : ₹295

पहला संस्करण : 2021

प्रकाशक : राजकमल प्रकाशन प्रा.लि.
1-बी, नेताजी सुभाष मार्ग, दरियागंज
नई दिल्ली-110 002
शाखाएँ : अशोक राजपथ, साइंस कॉलेज के सामने, पटना-800 006
पहली मंजिल, दरबारी बिल्डिंग, महात्मा गांधी मार्ग, प्रयागराज-211 001
36 ए, शेक्सपियर सरणी, कोलकाता-700 017
वेबसाइट : www.rajkamalprakashan.com
ई-मेल : info@rajkamalprakashan.com

मुद्रक : बी.के. ऑफसेट
नवीन शाहदरा, दिल्ली-110 032

NADI GHAR
Poetry by Krishna Kishore

क्रम

विशेष कुछ नहीं

दिनोदिन की ज़िन्दगी के सभी सरोकार मेरी कविता के सरोकार हैं। जो कुछ भी चारों तरफ़ हो रहा है, एक मुद्दत से हो रहा है, उसका पूरी तरह से हिस्सेदार रहा हूँ। मैंने कोई भी अतिरिक्त सुख-दुख निर्मित नहीं किए। कोई अतिरिक्त आधार अपनी कविता के लिए नहीं गढ़े। आज की विचारहीन स्थितियों में बटी हुई, टुकड़ा-टुकड़ा ज़िन्दगी, चारों तरफ़ दूसरों के नृशन्स हस्तक्षेप से आहत होकर कुछ भी ना कर पाने की असमर्थता में घुटती हुई ज़िन्दगी और संस्थागत अतिक्रमण से कुबड़ाई हुई ज़िन्दगी अपने आप ही मेरी कविता का विषय बनती चली गई।

इसके अलावा आज की यह ज़िद कि आसमान के नीचे खड़े होकर भी आसमान की तरफ़ नहीं देखना—एक ऐसी संवेदनहीनता पैदा करता है जो सारे अन्यायों को और अन्याय सहने वाले को रास्ता देती हुई चलती है। सजग विचारशील स्थितियों को खंडित करती है। भिन्न-भिन्न

मन:स्थितियों और विचार स्थितियों के रूप में मेरी कविता एक प्रयास है इस निरन्तर चल रहे संघर्ष को जारी रखने का, जिसका दूसरा नाम ही ज़िन्दगी है। नदी घर एक लम्बी कविता (खंड काव्य) है। इस प्रयास के 13 अलग-अलग पड़ाव हैं। विचार, परिस्थिति और प्रकृति से प्रेरित। इंसान की ज़िन्दगी एक निर्णायक स्थिति तक पहुँचती है। उस स्थिति तक, जहाँ ज़िन्दगी सिर्फ़ एक परिस्थिति बनकर रह जाने से मुक्त होती है। संघर्ष निर्देशित होता है, प्रकृति के नियमों से—जो सहज भी हैं और क्रूर भी। लेकिन सार्थकता की तलाश भी वहीं शुरू होती है।

दैनिक जीवन के कटघरों में भीड़ ही भीड़ है। एक व्यक्ति कहीं नहीं। उनका निजत्व अगर कहीं दिखाई देता है, तो उसके आधार में उनका बिखराव और टूटन भी दिखाई देती है। व्यर्थ का संघर्ष ही दिखाई देता है। एक थका हुआ मन भी आँखों से झाँकता है। इन शिकंजों से टूटना ही होगा। एक-एक करके सब को अपनी ही दिशा में बढ़ना कब होगा? खुले आसमान के नीचे खड़े होकर हवा-पानी की तरह अपनी दिशा में बह निकलना उतना कठिन भी नहीं। बस हमारी स्मृति खो गई है। उसे ही ज़ोर से पुकारना है, वापिस बुलाना है। हम भूल गए हैं कि हम सब प्रकृति के तत्त्वों से ही बने हैं। हवा, पानी, धरती, आकाश और प्रकाश हम सब के भीतर है—हमें विचलित करने के लिए। अपने ही विस्तार को पाने के लिए, इन तत्त्वों का एक झोंका ही बहुत है। कुछ ही दूर निकलने पर पर्वत, झरने, नदियाँ, जंगल—सब हमारे साथ होंगे। घर वापसी की तरह हम अपनी खोई हुई

पहचान वापस पाएँगे। कहीं भी निकल पड़ने के लिए, कुछ भी कर सकने के लिए मुक्त होकर, उन सब परिस्थितियों का सामना करने को तैयार होंगे—जो बच्चों को बच्चा नहीं रहने देतीं। वयस्कों से उनका विवेक और बूढ़ों से उनकी उदारता छीन लेती हैं। इस संसार को भीतरी-बाहरी शक्तियों ने मरघट बना रखा है और घरों को कारागार। इन से मुक्त होना जीने-मरने के संघर्ष जैसा आत्महंता भी नहीं। केवल अपने ही रूप में इन पर उजागर होना काफ़ी है। 'नदी घर' इसी यात्रा पर निकल पड़ने का प्रयास है। हवा, पानी, धरती, आकाश और हमारा सूर्य हमारे साथ है ही। हमारे भीतर और बाहर प्रकृति का विस्तार भी हमारे साथ है।

—कृष्ण किशोर

एक

प्रतीक्षा

एक मांसल व्यवस्था है
जिसके काँटे चुभ रहे हैं
रोम-रोम में
जो मुझे हर क्षण एहसास दिलाते हैं
रक्तहीन होने का
कंकाल होने का
निर्वीर्य होने का।
लेकिन व्यवस्था फिर भी मांसल है
रक्तचाप बढ़ाती हुई
सिर को चढ़ती हुई
आँखों पर नाज़ुक हथेलियाँ रखती हुई
जो कुछ बीत गया है
उसे तलवों पर चिपकी
मिट्टी की तरह खरोंचती हुई
वर्तमान को

फूलों भरी जादुई टहनी से प्रेरती हुई
और भविष्य को
साफ़-सुथरे आकाश पर
तारों की तरह बिखराती हुई
जिसे न कोई छू सकता है
जहाँ न कोई पहुँच सकता है

सिर्फ़ उधर आँखें गड़ा कर
रात भर जाग सकता है।
पूरे दिन की थकान के बाद
तलवों से जाँघों तक
दुखती हुई टाँगों को एक
पर्वतीय ढलान जैसे पेट से चिपकाकर
आश्वस्त हो सकता है कि
भविष्य तारों भरा आकाश है।
आज का दुख और
कल की थकान कुछ भी नहीं।
मुझे रात भर जागना है क्योंकि
मेरा भविष्य सिर्फ़ अँधेरे में
उजागर होता है
साफ़-साफ़ दिखता है
मुझे एक पल भी नहीं सोना है
मांसल व्यवस्था के गदराए हुए
जिस्म को रात भर झेलना है
अपनी धमनियों में बहने देना है।

इसके काँटों की चुभन को
आत्मसात करना है
एक विचार की तरह देखना है
अभी तो केवल इतना है कि
एक व्यवस्था है और एक एहसास
रक्तहीन होने का, निर्वीर्य होने का।

प्रतीक्षा में हूँ वह क्रान्ति क्षण आएगा
देखना है कि अपना जिया हुआ हर पल
जो आज पर्वत शिखा पर
जमी हुई बर्फ़ सा सफ़ेद नजर आता है
धवल-उज्ज्वल,
जहाँ इस गँधाती धरती की हवा में
सांस लेने वाला पक्षी भी पहुँच नहीं सकता—
रक्त में शामिल होकर
जिस्म के होने का साधन बना कि नहीं?
और सिर से पैर तक हर अंग में जड़े
चमकदार पत्थर वो शब्द,
वो जगमग-जगमग शब्द
जो मुझे जोड़ते हैं इस व्यवस्था से
जिस्म के किस हिस्से से निकले थे?
पैर की अँगुलियों से
आँख की पुतलियों से
या नाभि चीरकर फूटे थे
एक अमृत धार की तरह

मैं प्रतीक्षा में हूँ
वह क्रान्ति क्षण आएगा
सूरज निकलेगा जब तो
यह तारों भरा आकाश किधर जाएगा?

दो

विमोह

उस क्रान्ति क्षण की प्रतीक्षा
किस भोर से फूटी अचानक
किसी भोर से नहीं—अपने ही
अहम् के छिद्र से झाँक कर देखा
अपनी स्थिति की त्वचा को छू कर देखा
अपनी आत्मविभोर यात्रा का
एक-एक पड़ाव याद आया
तो जाना कि
व्यक्तियों का समूह रहा हूँ
मैं अकेला भीड़ से घिरा
हर पल सिर्फ़ अपने दुख सुनाता
उस भीड़ को।
अपने प्रति भावुक,
सब के प्रति उदासीन
सारा संसार एक तरफ़—तुच्छ!

मैं अकेला एक तरफ़—प्रबुद्ध, गरिमावान!
पेट में कीड़ों की तरह
इच्छाएँ पालता
भोर तक बिस्तर में कुलबुलाता,
सपनों की दलदल में धँसता—मैं!

अपने चारों तरफ़
सिर्फ़ साँस भर लेते हुए
बन्धुओं को संहारता—
एकान्त अन्धकार का ऐश्वर्य भोगता हुआ—मैं !
कितना बड़ा हो गया हूँ!!
सोचता हूँ अब इन छोटे-छोटे मकानों में
नहीं समा पाऊँगा
ये दरवाज़े-खिड़कियाँ
उन बौनों के लिए हैं
जो तृप्त हैं अपने सर पर—
कटोरा भर आकाश से।
ये कुर्सियाँ, मेज़, बिस्तर
और इन पर बैठते, सोते, जागते लोग
मेरे हाथों-पैरों में गड़ी कीलें हैं।
लेकिन सिर्फ़ सुराख़ हो गए हैं
बेजान हथेलियों और तलवों में।
लहू की एक बूँद भी
नहीं गिरी कभी।
सुराख़—जिन्हें देखकर लोग डर जाते हैं

लेकिन बदलते नहीं
न अपने प्रति—न मेरे प्रति।

और जो कीलें हैं—
उन्हें सिर्फ़ मेरे ही जिस्म की
धरती सुहाती है—नर्म,
आसानी से रास्ता देती हुई डरपोक धरती!
जिसमें वे गड़ सकती हैं
बग़ैर अपने सिरों पर चोट खाए
सिर्फ़ नाज़ुक हथेलियों के दबाव से ही।
लेकिन मैं दुख रहा हूँ
हर कील-काँटे को
रास्ता देता हुआ दुख रहा हूँ
कितना अखंड, संपूर्ण
और वैभवशाली हो जाता हूँ
उन सब के लिए
जो मुझे भोग रहे हैं—बचपन से
जिनकी आँखें अन्धा जाती है
आकर्षण से मेरे प्रति
जिनको मेरे जिस्म की
नर्म धरती प्यारी है
जो मेरी आत्मा को और
उसकी दूरगामी सिद्धान्तहीनता को
घना, काला, आधारहीन अँधेरा मानते हैं
कोई मांसलता नहीं

जिसमें वे उतर सकें
सुरक्षित कीलों की तरह।

रेंग सकें
मीठा चाटते कीड़ों की तरह
लेकिन आज मेरी आत्मा की
उसी दूरगामिता के
आकाश से उतर कर
सूर्य की किरणों से बने
एक सुनहरे पक्षी की तरह
एक जगमगाता क्षण
मँडरा रहा है मेरे मस्तक पर।
मेरी आँखें देख रही हैं
एकटक उस तरफ़
यही सुनहरा पक्षी
कितनी ही बार बचपन से अब तक
इसी तरह उदय हुआ है
मँडराता रहा है—मेरे मस्तक पर
लेकिन मैं गड़ा रहा हूँ
अपने बिस्तर में
अपनी मेज़-कुर्सियों पर
पेट में कीड़े पालता हुआ
यही पक्षी
रात भर मेरे ऊपर मँडरा कर
सुबह होने से पहले ही उड़ गया है हमेशा

मेरे जागरण को नकारता हुआ।

मेरी सुबह को
अर्थहीन धुंध में धकेलता हुआ
लेकिन इस बार यही किरण पुंज
सन्तुलित होकर ठहर गया मेरे ऊपर।
यह जगमगाता क्षण
फैल गया मेरे सारे आकाश पर
मेरी सिद्धान्तहीनता की तरह
मुझे आधारहीन करता हुआ।
जिस्म के तर्क से आज़ाद करता
मेरे लिए—
अब ये छतें, खिड़कियाँ, दरवाज़े
छोटे पड़ गए हैं
या हैं ही नहीं
हवा का घर केवल आकाश है—
आधारहीन आकाश
उसके सिर पर कोई छत नहीं होती
उसके सिर में कौन कीलें गाड़ सकता है?

तीन

अर्थहीन

जीने का अर्थ
क्या कुछ भी हो सकता है।
सिवाय इसके कि
जन्म से मरण तक
समय की अग्नि धुरी पर घूमते रहना है।
शरीर को यह अन्तराल
जैसे कैसे भी हो सहना है
सिवाय इसके कि आकाश की तरह
रिक्त होकर चतुर्दिक, दिशाहीन, हवाओं सा
अपने ही विस्तार में बहना है।
इसी तरह अर्थहीन
उन्मुक्त होकर जिया है
किसी बावड़ी के किनारे
पत्थर की तरह बैठकर
निर्भय और आश्वस्त कछुओं को
अपने गीले चिकने वक्ष पर

आश्रय दिया है।
पुरानी, खोखली मिट्‌टी से निकलकर
रेंगते हुए कीड़े मेरे स्वजन रहे हैं।
मेरी पीठ पर सरसरा कर
सम्बन्धों की लकीरें छोड़ गए हैं

टुकड़ा-टुकड़ा दर्द
मेरे पथरीले रेशों पर झुला गए हैं
लेकिन पतझर के आते ही
पीले और पोपले सुख-दुख
पत्तों की तरह झड़ते हैं मेरे ऊपर।
पीठ पर सरसराती हुई सारी लकीरें
मिट जाती रही हैं
उनके भुरभुरी चरमराते स्पर्श से।
टुकड़ा-टुकड़ा दर्द—
मेरे रेशों में काई की तरह जमा हुआ दर्द
धुल-पुंछ गया है
जब भी उस बावड़ी का कच्चा किनारा
कहीं से टूट गिरा छपाक सा ठहरे पानी में।
सिहर कर
पत्थर का बदन छोड़ गई काई
छिटक कर दूर गिरा
रेशों पर झूलता हुआ टुकड़ा-टुकड़ा दर्द।
साफ़-सुथरा मैं, फिर से उन्मुक्त!

जन्म से मरण के इस अन्तराल को
अग्नि धुरी पर साध कर
एक अर्थ-यात्रा पर
निकल पड़ने को आतुर
उठ खड़ा होता हूँ।

उस बावड़ी के किनारों से
बँधे हुए पानी की कगारों से,
ध्वस्त दीवारों से मुँह फेर कर
अनिश्चित लेकिन निश्चिन्त
कहाँ जाना है—जाने बिना निकल पड़ना
कितना सुखद लगा।
जीवन की अर्थहीनता का बोध
मैले-कुचैले अनुभवों के
पाँवों पर जमी मिट्टी की तरह
धुल-पुँछ जाने का सुख
कही दुबक गया था,
लेकिन अब लगभग अचेत सा—
किसी भी अर्थ की तलाश से मुक्त होकर
जहाँ पहुँचा वह संज्ञाहीन कर गया मुझे।
एक अबोध स्थिति—दिशाहीन
स्थिर होकर ठहर गई।
लगभग अचेत सा
किसी भी अर्थ की तलाश से मुक्त होकर,
एक लम्बी यात्रा पर

निकल पड़ने का आवारा निर्णय
एक सुनिश्चित निर्णय भी नहीं था।

धरती और आकाश का वह छोर—
जहाँ दोनों एक होते हुए दिखते हैं,
वह दृश्य-प्रवाह की तरह,
मेरे पाँवों को गति दे गया।
यात्रा कितनी लम्बी रही,
कितनी बार सूरज चढ़ा और डूबा,
याद रहने जैसी बात नहीं थी।
जहाँ पहुँचकर मन ठहर गया,
पाँव रुक गए
वह विस्तार संज्ञाहीन कर गया मुझे
मुक्त कर गया,
अकर्मण्य कर गया।

चार

प्रकृति जन्य

मुक्त हो कर अकर्मण्य खड़ा हूँ।
एक पर्वत शिखा पर—
जहाँ कोई पगडंडी
किसी आकांक्षा की ओर नहीं ले जाती।
मेरे पाँवों के नीचे है
धुनी हुई चाँदी सी बर्फ़
और चारों तरफ़ हल्के नीले फूल की तरह
खिला हुआ आकाश।
बाँहों में बाँधने के लिए
अपने वक्ष के सिवाय कुछ नहीं।
जीवन की साँझ जैसी
हल्की हवा की परतें
किसी देवदार का
एक पत्ता भी नहीं हिलातीं
मन की तरह शान्त
सिर पर बर्फ़ लादे खड़े हैं

उद्‌देश्यहीन, विशाल पेड़ और पत्थर।
कुछ भी ऐसा नहीं
जो छलछला कर
बाहर गिर पड़ने को आतुर हो
अपने से अतिरिक्त
कुछ और हो जाने की
वासना से प्रताड़ित हो कर।

ऐसे ही जैसे
कोई फूल रक्तिम हो उठने की आतुरता में
अपनी टहनी पर उगे
पत्तों को नोचता नहीं।
अपने सान्निध्य से
आकर्षित नहीं करता
किसी काँटे को
अपनी कोमल त्वचा बींध जाने के लिए।
एक विशाल कोख़
फैली हुई है
चारों तरफ़ प्रजनन में व्यस्त निरन्तर।
लेकिन यहाँ कोई सगी माँ जाए नहीं
एक-दूसरे की गर्दन पर
सवार होने के लिए।
कोई बन्धु-बान्धव नहीं
वैमनस्य का जंगल सुलगाते हुए।
इस समाज में

कुछ भी असामाजिक नहीं।
प्रकृति के धर्म में
कुछ भी अधार्मिक नहीं।
जन्म और मृत्यु को
एक सूत्र में बाँधती हुई वासना
अनैतिक नहीं होने देती
किसी कर्म खंड को।

अपनी ही कोख़ से जन्मे हुए को
प्रताड़ित नहीं करती
ऊर्ध्वमुखी होकर जीने के दोष पर।
ऐसी ही मन:स्थिति में
आँखें ऊपर उठ जाती हैं
दो पर्वत श्रृंखलाओं के बीच
सुनहरी किरण जाल!
सफेद बर्फ़ और श्यामल बादलों के टुकड़े
गदरा कर उलझ जाते हैं एक-दूसरे से।
विमूढ़ होकर देखता हूँ
इस वेदनाहीन परिणय को
इस अनासक्त आवेशहीन महामिलन को।
और इन मायावी क्षणों का
अन्त होता है सूर्य के आलोक में।
स्वच्छ, धवल, उज्ज्वल हो कर
सिहर उठती है
दो पर्वत-श्रृंखलाओं के बीच की रमणीयता।

अनाच्छादित निर्वस्त्र सम्बन्धों का
यह संसार मेरा रक्तचाप बढ़ाता है
बर्फ़ पर रखे हुए तलवों में
सोंधी सी गरमाहट दौड़ती है।
मैं अपनी ही ऊर्जा से आतंकित
एक नए देवदार की टहनी झंझोड़ देता हूँ।

उसका बर्फ़ से ढका मस्तक
मेरी अनैतिकता को ढाँप देता है—
मेरे शीश और कन्धों पर
अपने मस्तक से कुछ बर्फ़ गिरा कर
चारों तरफ़ देखता हूँ।
कहीं कुछ नहीं सिर्फ़ मैं हूँ
सिर्फ़ मैं—आदिम मैं!
खींच कर उतार फेंकता हूँ
अपने सब वस्त्र—अपने जीर्ण संस्कार!
रेशमी सफेद बर्फ़ पर
इधर-उधर छिटके हुए वस्त्रों को
निर्मम होकर देखता हूँ
और फिर निर्वसन स्वयं को,
अपने से अलग पड़े
मेरी सभ्यता के प्रतीक मुझे सुन्दर लगे।
जैसे सफ़ेद चादर पर किसी ने
कई रंगों के फूल उभार दिए हों
एक ही छलाँग में

इस उभरे हुए फूलों के नन्हे से हिमद्वीप को
लाँघ कर भाग उठा।
अपने सामने के सँकरे रास्ते पर
पिंडलियों तक बर्फ़ में धँसता हुआ
हाँफता हुआ, भागता रहा।

अपनी ऊर्ध्वगामी ऊर्जा को भोगता हुआ—
सन्तापहीन, वेदनाहीन भोग
निर्वस्त्र शरीर की अलौकिक यात्रा
रक्त कणों को प्रकाशित करती
आस्था में परिणित हुई।
किसी बर्फ़ की फुनगी पर बैठा हुआ
कोई पक्षी उड़ गया दूर आकाश की मुक्तता में।
हाँफता हुआ मैं
एक शिला पर औंधा होकर लेट गया।
दूर तक धुँधलाती हुई सफ़ेद बर्फ़
और वनस्पति जगत का गँधाता रोम-रोम!
डूबते हुए सूरज के साथ
मेरी चेतना भी डूब रही थी।
इस संसार से
प्रकृति संसार की यात्रा का प्रथम क्षण
अटक गया कहीं स्मृति तन्तु से।
धीरे-धीरे शिला पर औंधाया हुआ मैं
एक शिला हो गया
एक पत्थर पर पड़ा हुआ दूसरा पत्थर!

पाँच

सात्विक हिंसा

जिस्म कब अचेत हो गया
मैं कहाँ जानता
अर्धरात्रि के किसी एक पल
क्रोंच, क्रोंच, क्रोंच
इतनी भयानक चीखें
हिंस्त्र होकर मँडरा रही थी।
यह पर्वत स्थली,
वनस्थली शान्त!
जैसे इस रक्तपात के वैभव को
अपनी अखंडता में भोग रही हो।
मैं चौक कर
भय से काली
शिला पर उठ बैठा
कुछ ही ऊपर
दो जोड़ी विशाल पंख

एक-दूसरे पर झपटते,
चक्कर काटते—
मृत्यु का सामना करते
जीवन के मोह में,
एक-दूसरे को
समाप्त करने की
वासना से उत्पन्न
भीषण चीत्कार

आक्रमण—प्रति आक्रमण!
सिर्फ़ छाया भर देख पाया
अपने सिर पर मँडराते
इस पक्षी युद्ध की।
एक शिला पर
जैसे सदियों से बैठा मैं
इसी का एक उभरा हुआ
भाग सा हो गया था।
कुछ ही क्षण,
मायावी मृत्यु से
पलायन का संघर्ष
एक अन्तिम
उग्र आकाशव्यापी चीत्कार
और फड़फड़ाहट के साथ
मांसल, रक्त पिंड
वह प्रकृति पुत्र—एक पाखी

मेरी देह को
अपने जीवन की तरह
अस्तित्वहीनता से भिगो गया।
सिहरता, दम तोड़ता,
यह आकाश पुत्र
मेरी बाईं ओर
मेरी त्वचा को छूता हुआ
ढेर हो गया!

भयानक सन्नाटा!
एकदम इतना गहरा
इस रक्तपात के बाद!
मुँदी हुई आँखों को
खोलने के लिए
इतना संघर्ष करना पड़ा
जैसे पलकें नहीं,
सुरमई शिलाएँ हो
किसी गुफा द्वार को
बन्द करती हुई।
कितनी ही देर आकाश पर
पथराई पुतलियाँ टिकी रहीं
रात का कौन सा पहर था
नक्षत्र सिर्फ़ रक्त के छिटके हुए धब्बे थे
राक्षसी वक्ष पर।
बहुत देर बाद

आँखें दाईं ओर घूम गईं—
अन्तहीन देवदार,
पंक्तिबद्ध
सारे हिंस्र दैत्य
सारे युवा और वृद्ध दैत्य
पंक्तिबद्ध खड़े थे

उस गहरी खाई की ओर
पीठ फेर कर
जहाँ कितने ही अस्थिपिंजर
फेंक दिए हैं
उन्होंने जीवन का रक्त-मांस चूस कर।
धीरे-धीरे
एक-एक विशाल शिला पर
दृष्टि घूम गई।
कितनी भयानक दंत श्रेणी
उस अहंकारी उन्मत्त पर्वत दैत्य की।
मैं निर्वसन—
अपने प्रति निर्मम हो उठा
जीवन की
अन्तिम सार्थकता को स्वीकार करने के लिए।
रमणीयता के वक्ष से उभरती हुई
सात्विक हिंसा का अर्थ
आत्मसात करने में
एक चमकीला क्षण भर ही लगा।

एक उष्णता से स्फूर्त होकर
भीग गया मेरा मायावी अस्तित्व।
भीतर की सारी बर्फ़ पिघल कर
रिसने लगी रोम-रोम से

मेरा सारा अनुभव, सारा ज्ञान,
बूँद-बूँद कर बह निकला
आसपास शिलाओं पर।
शून्य हो गया था मैं
और रिक्त।
उसी रिक्तता में
उनींदा होकर चलता गया
उन्हीं सँकरे रास्तों पर वापस
जहाँ अपनी सभ्यता के प्रतीक
अपने वस्त्र छोड़ आया था।
भीगे हुए वस्त्र
अपने गर्म वक्ष से सटाकर
स्तब्ध बैठा रहा देर तक।

छह

वापसी

प्रकृति के इस विशाल रमणीय कक्ष में
उकड़ूँ बैठा हुआ मैं—
हठात् ही स्मृति के एक उन्मत्त झकोरे से
इस विस्तार की ढलान पर
फिसलने लगता हूँ।
एक निष्ठुर कगार पर
आ टिकता हूँ—
स्थिर हो जाता है सब कुछ
एक कसाव और जकड़न के साथ
स्मृति वास्तविक हो उठती है
इस हिम प्रदेश में यह निःशब्दता
उकेर गई उनींदीं स्मृतियाँ।
स्मृतियाँ जैसे अधखुली आँखें हों
अपने भीतर झाँकती हुई
एक-एक पोर सहलाती हुई,

अपने बिखरे अस्तित्व धागों को खोलकर
खुली धूप में फैलाती हुई, समेटती हुई
आज और अतीत को जोड़ती हुई।

एक-एक पड़ाव पर
रुक-रुक कर याद करता हूँ—
आत्मविभोर स्वयं को
अपना जिया-अनजिया हर पल बटोरता हूँ।
अपने रिक्त मन की झोली में
प्रकृति सान्निध्य के उजास में यह प्रकाश पुंज—
यह सूर्य जो देख रहा हूँ—इतने निकट
स्मरण करता हूँ,
कितनी ही बार उदय हुआ
केवल कुछ देर बाद ही अस्त हो जाने के लिए।
इस पूर्ण रिक्त अन्तराल से पहले,
प्रकृति के विस्तार में
यात्रा से पहले का अनुभव जीवंत हो उठा।
अब केवल निस्तेज स्मृतियाँ हैं पीछे
और आगे है उतरने के लिए रोमांचक ढलान।
नीचे उतरती पगडंडियों को
अपने हाथों की लकीरों की तरह देखता हूँ
दूर तक मेरे अहं की तरह
फैली हुई ऊबड़-खाबड़ ढलान को
नीचे उतरते हुए झाँक-झाँक कर देखता हूँ।
अपार वैभवशाली पर्वत ढलान से

नीचे उतरना ऐसे लगा जैसे
आकाश में धीरे-धीरे सूर्य ऊपर उठ रहा है।

चलते-चलते ऐसे ही मुझे लगा कि
अन्तर है केवल ऊपर जाने का
और नीचे उतरने का।
एक अन्तर और भी है
स्थिति के पूर्ण अस्वीकार का।
नीचे उतर कर ऐसा नहीं लगा कि
सब कुछ ऊपर रह गया है।
एक उदार, असंयत, अनिश्चित प्रकृति में
जीवन-मरण की नियमहीनता
सभी मेरे साथ उतर आए थे।
आगे बढ़ने, पीछे हटने को
कुछ था ही नहीं ।
ऐसी ही पर्वतीय मन:स्थिति में
नीचे उतर कर अपनी आत्मीय कठोर धरती पर
सिर रखकर लम्बी निद्रा में उतर जाता हूँ।
जैसे धरती पर नए प्रवेश के लिए
पूरी तरह अशरीरी होना आवश्यक हो,
नई यात्रा पर निकलने के लिए
नए पाँव, थकान मुक्त पाँव उगाने आवश्यक हों।

सात

असंदिग्ध

एक लम्बी निद्रा के बाद
दिनोदिन की सारी थकान
अपने सम्बन्ध संस्कार
अपनी त्वचा से छिटक कर
अर्ध रात्रि सब कुछ झटक कर
खुले आसमान के नीचे आ खड़ा होता हूँ।
सबसे चमकदार सितारे की तरफ़ आँख उठाकर,
सोचने की अवस्था से बहुत परे—
एक आकाशी वस्तु की तरह
सितारों के बीच एक सितारा बनकर जम जाता हूँ।
मेरी आँखें ऊपर भी हैं आकाश पर—
फैला हुआ मायावी संसार देखती हुई
और भीतर भी हैं
अपने ही स्वरूप पर जमी हुई।
ऊपर देखता हूँ सब कुछ कितना निश्चित है
कहीं कुछ भी संदिग्ध नहीं
कहीं कुछ भी अपने होने के आभास से

अस्थिर नहीं।
अपने न रहने की नियति के ज्ञान से
अपंग नहीं—अशक्त नहीं
अकर्मण्य नहीं
छिछले अपूर्ण केवल देह-जनित
अनुभवों के ज्ञान की परिधि में क़ैद नहीं।

अपने-अपने बन्धन में
कितना मुक्त है
सब कुछ सिर के ऊपर।
आकाश का साँवलापन
मेरी अधखुली आँखों से भीतर प्रवेश कर जाता है।
एक रास्ते की तरह
बिछ जाता है भीतर के प्रदेश में।
मैं उस रास्ते पर निकल पड़ता हूँ
रास्ते पर कुछ ही दूर निकलने पर
लगा सब कुछ वैसा ही
वही था जिसे छोड़ कर गया था पीछे।
इस निकल पड़ने में कितना दोहराव था
उन्हीं विसंगतियों का फैलाव था—
पर्वतों, पेड़ों, पत्थरों के विस्तार से
जितना विपरीत हो सकता है उतना विपरीत!
वही सब कुछ आगे-पीछे पसरा पड़ा था।
इन्हीं मृतक वीथियों में रहा हूँ—
इन्हीं में रहना, सोचना, जागना हुआ है

भीतर जाना, बाहर आना हुआ है।
वही अँधेरी काली गुफाएँ वही शरणस्थलियाँ—
फिर से एक बार इन में से किसी एक में
प्रवेश कर जाता हूँ
केवल एक दोहराव के लिए।

आठ

रक्ष अस्मान्

किसी भी अँधेरी गली के
किसी भी गुफा द्वार में
प्रवेश कर जाता हूँ।
भीतर की अँधेरी सीलन
मुझे अच्छी लगती है।
वहाँ घुटने टेक कर बैठी हुई
अधमरी ज़िन्दगी, आँखें मूँदकर,
सिर झुकाए हाथ वक्ष से चिपकाए
प्रार्थनारत ज़िन्दगी मुझे क्रोधित नहीं करती
क्योंकि मैं जानता हूँ
ये मजबूर लोग जो कुछ माँग रहे हैं
बस वही इन्हें नहीं मिलना है
क्योंकि ये सिर्फ़ माँग रहे हैं
इंसान से या अपने भगवान से।
दूसरों के सशक्त हाथों से

अपनी गर्दनें छुड़वाने के
संघर्ष में लगे अशक्त लोग
मुझे द्रवित नहीं करते—
क्योंकि मैं जानता हूँ
इस सहज सम्बन्ध को
जो केवल एक स्थिति है
जो कभी क्रान्ति नहीं ला सकती।
एक शव से सटा हुआ दूसरा शव!
देखता हूँ,
इस संस्थाबद्ध नियमबद्ध शव-स्थिति को
जिसे मैं कोई महत्त्व नहीं देता
क्योंकि संस्था
सरकंडों के राक्षस के सिवाय कुछ नहीं
जिसे एक बौना भी
छिन्न-भिन्न कर सकता है।
लेकिन ये बौने भी नहीं हैं—
सिर्फ़ शव हैं एक-दूसरे से जुड़े हुए
एक ही धागे से बँधे हुए।
एक ही जैसी मान्यताएँ और विश्वास
चमड़ी की तरह पहने हुए।
सब के सुख एक ही नैन-नक्श के
सब के दुख एक ही कद-काठ के।
जानवर की तरह सूँघ लेते हैं,
कोई इनसे ज़रा भी डरता है तो
उस पर झपट पड़ो, चीर-फाड़ डालो,

इतने भयानक और इतने कायर!
सब देवी-देवताओं से
एक ही प्रार्थना करते हैं ये शव—
रक्ष अस्मान प्रभु, जीवेम शरदः शतम्।
हे प्रभु हमारी रक्षा करो,
हे प्रभु हम सौ साल जिएँ।

नौ

बहिष्कृत

मुझे कुछ भी प्रताड़ित नहीं करता
इन गुफाओं से
बाहर धकेल दिए जाने से पहले
मैं यहीं का वासी था
मैं भी थोड़ा-थोड़ा जीवित शव था।
केवल यही विद्रोह
इन काली गुफाओं में
मुझसे हुआ था
मैं थोड़ा-बहुत जीवित था।
पूर्ण मृत क्यों नहीं हूँ?
इन्हीं के कंदराज्ञान से
अंधा क्यों नहीं हूँ?
इस अपराध पर
इन गुफाधिकारियों ने
गर्दन पकड़ कर निकाल दिया था मुझे

फेंक दिया था खुले आसमान के नीचे
धकेल दिया था जंगल की तरफ़।
इसके बाद आकर्षण जगा
आकाश की तरफ़ मुँह उठाकर
सितारों से बतियाने का
किसी भी पेड़ से पीठ टिका कर
पत्थरों के चिकने वक्ष सहलाने का,
उन्हें गीत सुनाने का
उनकी छाती पर सर रखकर सो जाने का।
सब की वासनाओं को स्वीकार करने का
घास-फूस की तरह
सब को समर्पित हो जाने का।
चढ़ते सूरज की तरह
सुख से गुलाबी हो जाने का
अहसास जागा तभी से
और तभी से जाना कि मेरी उदासी—
पानियों में डूबते ताँबई सूरज जैसी क्यों है।
लेकिन इसी ताँबई उदासी से,
इसी गुलाबी सुख से मैंने जाना कि
मेरे चारों ओर फैली हुई
सीलन भरी गुफाएँ एक विशाल प्रश्नचिह्न हैं
मेरी आज़ादी के सामने लटके हुए,
खुले आसमान के नीचे आकर
जीने की सार्थकता को निरर्थक करते हुए।
मुझे अपनी आज़ादी

क्या पेड़ों के साथ, चिकने पत्थरों के साथ
चाँद-सितारों के साथ भोगनी है?
बाँटनी है?
मैं अपनी आज़ादी,
अकेले मानव का ऐश्वर्य
अपनी झोली में भर कर
बैठा रहूँगा किसी नदी के किनारे तमाम उम्र

या उससे पहले ही कोई सैलाब आएगा
और बहा ले जाएगा,
मेरी झोली में दुबके ऐश्वर्य-सर्प को
शायद यही कारण है कि
अब बहुत दिनों से तारे मुझसे बोलते नहीं।
पेड़-पौधे मुँह फेर कर खड़े हो गए हैं
पत्थरों के चिकने वक्ष पर
काँटे उग आए हैं
मेरे भीतर कोई प्रदेश नहीं
जहाँ झिलमिलाती आकाश गंगा
उतरकर समाहित हो सके।
कोई रास्ता नहीं—जिस पर चलते हुए मैं
अपने महाविलय बिन्दु तक पहुँच सकूँ।
एक नए प्रकार का भय मुझे ग्रस रहा है
शायद जंगल में अकेले होने का भय
कितनी जल्दी बुझ गया
ऐश्वर्य जनित विद्रोह

कितनी जल्दी चुक गई
सितारों से बतियाने की हवस।
मुड़कर देखता हूँ
उन्हीं अँधेरी गुफाओं की तरफ़
और उनके भीतर देवताओं से प्रार्थना रत
सौ साल जीने की भीख माँगते हुए
कायरों की तरफ़
उन्हीं कायरों की तरफ़ जिनके साथ
मुझे अपनी आज़ादी बाँटनी है
उन्हीं गुफाओं की तरफ़—
जिनकी पथरीली पीठों में सुराख करने हैं मुझे
शिलावक्ष भेदने हैं जिनके
और देखता हूँ उन कन्दराधिकारियों को
ये कितने कायर हैं,
ये मुझसे लड़े नहीं
बस मुझे जीवित समझ कर
अपनी गुफाओं से बाहर फेंक दिया था
मेरे स्पर्श से और शव जी उठे शायद!
इन्हें पता है
जीवन कितनी जल्दी फैलने वाला रोग है
हवा का एक झोंका ही बहुत है
एक जोड़ा पक्षियों की फड़फड़ाहट
या पत्थरों पर उछलती हुई पानी की धार
बस काफ़ी है।
इन्हें पता है—

सूरज की एक किरण भी
घातक हो सकती है
किसी भी शिला के उदर में
एक नन्हा सा छिद्र,
वायु और प्रकाश का षड्यंत्र।
जो ज़रा भी मुक्त है
उसे पूरा मुक्त करना होगा—
ये जानते हैं
उसे बहिष्कृत करना होगा
पूर्ण मुक्त—पूर्ण बहिष्कृत!
अकेला होकर
जीने के लिए पूर्ण मुक्त!
मुझे भी ऐसे ही
मुक्त किया था इन्होंने।
मैं जानता हूँ,
मुझे फिर से भीतर जाना है—
इन गुफाओं में।
अकेले-अकेले ही सही
लेकिन मुक्त करना है सब को।
आकाशोन्मुख होकर सोचता हूँ
इन कायरों से जूझना नहीं है मुझे
केवल उजागर होना है
इन पर नन्ही सी प्रकाश किरण की तरह
छूना है इनकी शिराओं को
एक हल्की सी हवा की लकीर से

एक नन्हा सा छिद्र बनाना है
इनकी किसी भी शिला के उदर में
इनकी कन्दराओं में
फिर से प्रवेश करने के लिए
इन्हें थोड़ा सा आक्रांत करने के लिए
जीवन का इतना ही स्पर्श काफ़ी है।

दस

अप्रयास

पहले कितनी बार
आज के सूर्य सा सूर्य देखा—
याद नहीं।
शिखर पर यह तरल ज्वाल वृत्त
मेरी छाया से
मुझे मुक्त करता हुआ वृत्त
मुझे हठात् ही
आकांक्षा मुक्त कर देता है।
या फिर उकेरता है
मेरे भीतर की प्रकाशहीनता को।
कन्दरा द्वार पर कोई शिला नहीं
पर मेरी धमनियों में
उद्घोष नहीं होता अग्रसर होने का।
मेरा एकान्त, सूर्य-तप्त एकान्त
मेरी वहीं ऐश्वर्य बोध जनित वासना

शिथिल कर देती है मुझे
और वहीं दो शिलाओं से निर्मित
छाया कक्ष में बैठ जाता हूँ
पीठ टिका कर।
आँखें मुँद जाती हैं
बाहर के सत्य पर
किन्तु भीतर का सत्य जागता नहीं—
केवल ऊँघता है
अर्धस्वप्न की स्थिति में।

फिर वही प्रश्न—
एकाकी 'मैं' ही सत्य है?
युद्ध-अयुद्ध केवल स्थितियाँ हैं
अपने विलय तक पहुँचने की
लेकिन तभी आँखों पर
किरणों की तपन और प्रकाशाभास
मद्धिम पड़ जाता है।
हवा का एक ठंडा झोंका
मेरे शिला कक्ष में
मुझे छू जाता है
आँखें खोलकर
अपनी बाईं ओर देखता हूँ
मेरी छाया मेरे साथ है
और फिर वही वासना
जागृत होती है धमनियों में

मुक्त करती है मुझे
अपने विलय के आभास से।
एक चेतना
किसी स्मृति को उकेरती है
हवाओं की स्मृति को
टूट कर गिरते पत्तों की स्मृति को
किरण पुंज के नीचे
औंधे लेट कर गाए हुए गीत को
एक पक्षी युगल के
निर्भय मिलन की स्मृति को
नदी तट की
एक विशाल भीड़ की स्मृति को
जो अपने दिनोदिन की संघर्ष यात्रा से त्राण के लिए
एक अदैहिक मुक्ति की खोज में
इधर-उधर भटकती फिर रही है।
याद नहीं आता
कोई भी तो युद्ध
महाभारत के कृष्ण से लेकर
मध्य पूर्व के ईसा तक
और सिकन्दर से लेकर हिटलर तक
जो लड़ा गया हो
दैनिक, व्यक्तिगत, अतिक्रमणों के विरुद्ध
एक व्यक्ति—एक मानव—
एक जीवन केन्द्र रहा हो—
किसी युद्ध का याद नहीं

व्यक्ति कभी किसी भीड़ से बड़ा हुआ हो
भीड़ कभी व्यक्ति के लिए लड़ी हो—
याद नहीं।

ग्यारह

प्रयास

प्रकृति के सान्निध्य से,
धवल उज्ज्वल विस्तार से,
सूर्य के प्रकाश से,
हवाओं की गति से
जितनी ऊर्जा, साहस, निश्चय बटोर सकता था
अपने श्वास की गति में सब कुछ समेटकर
बार-बार इन गुफाओं में प्रवेश करता हूँ।
कन्दराधिकारी सरकंडों से बने पुतलों की तरह
अपने स्थानों से जैसे बँधे खड़े रहे।
कुछ चरमरा कर अपने आसपास ही बिखर गए—
कभी किसी का हाथ नहीं उठा।
हवा और सूर्य का प्रकाश
जो मेरे साथ भीतर चला आया था
इन्हें विचलित करने के लिए काफी था,
उठ खड़ा होने के लिए काफी था—

कुछ लड़खड़ाते पाँवों के लिए
मेरे आगे-पीछे चलते हुए—
प्रकाश के स्पर्श से
मिचमिचाती आँखों के साथ
गुफाओं से बाहर आ जाने के लिए काफी था।
कितनी बार प्रवेश हुआ
याद नहीं।
अब मैं खुली हवा में, मुक्त प्रकाश में
किसी चट्टान से पीठ टिका कर
बैठा हुआ अकेला, अपूर्ण, अशक्त व्यक्ति नहीं था।
मेरे साथ थी नन्ही सी भीड़
अनिश्चित दिशाओं में देखती हुई—
स्वयं को साधती हुई
सब कुछ देखा अनदेखा करती हुई,
एक संयुक्त आह्वान सुनती हुई।
शिला-द्वारों से बाहर आने का आभास
इनके भीतर ही कहीं ऊँघ रहा था।
प्रकाश में उजागर,
इनके और मेरे अन्तस की धाराओं का संगम
इतनी दूर नहीं था कि मन बैठ जाए।
किसी आधे रास्ते के पत्थर पर—
एक ही करवट देर तक बैठे रहने से
इनके भीतर बाहर रूप-कुरूप सलवटें पड़ गई हैं।
लेकिन टूटा-फूटा,
उधड़ा-बिखरा ऐसा कुछ नहीं

कि नदी किनारे बैठ कर
प्रातः और साँझ की लालिमा में नहाकर,
पुरवा-पछुआ हवाओं से बदन पोंछ कर,
अपने स्वरूप को
पानी के दर्पण में निहारा ना जा सके।
जगाया न जा सके किसी संवेदना को।
उकेरा ना जा सके
समर्पित हो जाने के लिए—उसी घास-फूस को
जिसे रौंदते हुए निकल गए हैं
वे सभी जो गुफाओं की शरण में ढेर हो गए।
इस नन्ही-सी अस्त-व्यस्त अधचेतन भीड़ को
अपने चेतन मन से जी भर कर देखता हूँ।
आँखें और मन भीग जाते हैं
आस की तपन से
कंठ खुल जाता है आह्वान के लिए।
अपनी ही आवाज़
हवाओं की साँय-साँय जैसी लगती है।
थोड़ी ही देर में,
यह नन्हा सा व्यक्तियों का द्वीप सिहर उठता है—
अपने भीतर प्रवेश करती
संवेदना सिक्त उमड़-घुमड़ से।
अलग-अलग दिशाओं में देखते हुए
सब सुन रहे हैं
एक सम्बोधन
जो शायद मेरे ही भीतर से फूट रहा है—

पर्वतों से उतरती हुई पानी की धार जैसा।
अपने को स्थगित करते हुए फूटता है
एक आह्वान—निर्भय हो जाने का।
अपने कानों पर हाथ रखकर
अपना ही गीत सुनने का
आँखें बन्द कर—
अपने रूप पर रीझ जाने का
अपने-अपने भीतर बहती नदी को
समर्पित हो जाने का।

बारह

नदी घर

आज भी कोई महाभारत या तीसरा विश्व युद्ध नहीं होगा
मध्ययुगीन अश्वारोहियों की दुर्दांत वासनाएँ
कोई आतंक पताका फहराती हुई
शारीरिक या आत्मिक दमन की दुंदुभि बजाती हुई
तुम्हें घुटने टेक कर
जीवन की भीख माँगने के लिए
विवश नहीं करेंगी।
और न ही प्रताड़ित करेंगी
तुम्हें नन्हा सा साहस बटोर कर
अपनी-अपनी कन्दराओं से
बाहर आ जाने के लिए।
तुम्हें—तुम सब को
केवल इतना मात्र करना है
कि खड़े हो जाना है
इस विशाल भवन की तरफ़

पीठ फेर कर
इस नदी के गुलाबी जल की तरफ़
मुँह करके अस्तोन्मुख सूर्य को
आत्मसात करना है।
और तुम मेरे मित्र—
तुम जो दूर खड़े हो
जानता हूँ तुम्हें बचपन से

आकाश जैसे उजले
और हल्के नीले वस्त्र पहनकर
पक्षियों की ओर देख रहे हो,
उनके सांध्य नीड़गामी
समूहगान को सुनते हुए
चुप खड़े हो—
वापिस जाओ
अपने बचपन की ओर
आज से तब तक का
अन्तराल कुछ भी नहीं
एक ही छलाँग में पहुँच जाओगे,
उसी गंदले जोहड़ के किनारे
उसी विशाल वट वृक्ष के नीचे
अपने अधनंगे साथियों के बीच।
याद है तुम्हें?
एक स्वांग मंडली गांव में आई थी
और उस मंडली के चले जाने के बाद

तुम अकेले ही वह मंडली हो गए थे।
गूँजते फिरते थे सारे गाँव में।
नई नवेलियाँ तुम्हें रोक-रोक कर
तुम्हारा गीत सुनती थीं
तुम्हारी कला और तुम्हारा बचपन
कितना जादू बरसाता था
सब पर।

कितने बड़े हो गए हो तुम
अब एक घर चलाते हुए—
एक घर जो तुमसे कभी चला नहीं।
जिसके अतिरिक्त तुम्हें
किसी ने कभी कुछ होने नहीं दिया।
आज तुम्हें स्वयं को देखने का
फिर एक अवसर है।
आज तुम अपनी कन्दरा से बाहर आकर
आकाश की ओर देख रहे हो
पक्षियों का गीत सुनते हुए।
हे लघु महामानव,
आज तुम इस छोटी-सी
महा मानवों की भीड़ का
एक नन्हा सा भाग हो, एक द्वीप हो—
अनतिक्रमणीय द्वीप।
अपनी सम्पूर्णता में
इस विश्व के महासमुद्र में

अनाक्रांत तैरता हुआ द्वीप।
अपना स्वर सन्धानो और
गूँजने दो फिर से—
सिर्फ़ अपने नन्हे से गाँव को ही नहीं,
बल्कि इस समस्त वायुमंडल को गूँजने दो।
अपने सम्पूर्ण अस्तित्व का गीत
सुनने दो सब को।

खंड-खंड होकर जीने की विवशता
आज पीछे छूट गई है।
इस द्वारपाल रक्षित भवन के पीछे
नीचे की तरफ़
उतरती खाई में बनी हुई
कन्दराओं के पीछे
सब कुछ पीछे छूट गया है—
तुम हो और
तुम्हारे समक्ष है रक्तिम सूर्य
तथा उसका दर्पण—
ये तीव्रगामी नदी
जिसका कोई नाम नहीं
यह नदी तुम्हारी नदी है।
तुम्हारी पूर्णता के साथ बहती हुई
तुम्हारी नदी।
जीवन के उद्गम से अन्त तक
निरन्तर बहती हुई नदी

आकाश और पाताल को
एक करती हुई नदी,
अपने किनारे स्वयं बनाती हुई नदी—
जन हिताय सेतुओं के नीचे बहती नदी।
ये तुम्हारी नदी है
सूर्य तो सब का साझा सूर्य है—
लेकिन यह नदी तुम्हारी नदी है।

आज तुम सब थोड़ी
सी संख्या में
तुम सब यहाँ एकत्रित हुए हो
तुम सब की अपनी-अपनी नदी है।
जो कहीं से आकर,
तुम में से होती हुई
कहीं भी जा रही है
तुम्हारे पूर्ण अस्तित्व के साथ।
आज तुम सब अपनी नदी पर सवार होकर
निकल जाओ अपनी-अपनी दिशाओं में
सब कुछ तुम्हारे
साथ होगा—तुम्हारा घर-बार,
सार संसार
लेकिन ऐसा घर-बार
जिस की दीवारें
हवा-पानी का विरोध नहीं करेंगी।
जिसके आँगन से होकर,

तुम्हारी नदी बहेगी,
जहाँ किसी न्याय-अन्याय को परखने के लिए
तुम्हें अपने अतिरिक्त
कोई साक्षी नहीं चाहिए,
विश्व संघ नहीं चाहिए।
जहाँ जीने के लिए
हर वक़्त एक मोर्चाबन्दी न करनी पड़े

और जहाँ किसी भी छोटे-मोटे युद्ध में
भाग लेने के लिए
तुम्हें घर के रोशनदानों से
झाँक कर देखना न पड़े
कि बाहर ख़तरा कितना है
अगर मरण प्रिय हो
तो तुम्हारी नदी
तुम्हारे साथ है ही।
अगर मन करे तो कभी भी,
कहीं भी
अधनंगे और भूखे बच्चों को
लेकर चल पड़ो
दूर किसी देश के
अधनंगे और भूखे बच्चों के साथ
इकट्ठा खेलने या मरने के लिए
और धरती की दरारों में
झाँक कर देखने के लिए

कि आज तक की प्रगति
जिसके बारे में वे और
उनके माँ-बाप सुनते हैं
बहुत कुछ
कहीं दूर
नीचे बहुत नीचे
पाताल में तो नहीं।
और अगर कुछ ना दिखे
तो तुम्हारी आवाज़ में आवाज़ मिलाकर
कह सकें कि कहीं कुछ नहीं है,
पाखंड है उन सत्ताधारियों का
जिन्हें उन्होंने कभी देखा नहीं
लेकिन जिनके झूठ से
सारा आकाश गूँज रहा है।
सारी धरती के लोग
जिनकी विराटता की ध्वजा थामे-थामे
कुबड़ा गए हैं।
तुम सब पूर्ण स्वतंत्र हो
कहीं भी सारे विश्व में—
निरन्तर चल रहे
बाहर से थोपे हुए
गृह युद्धों में भाग लेने के लिए।
जहाँ के लोग
अपने देशों का इतिहास
लिखवा रहे हैं

उन लोगों से
जो उस धरती का रंग, गंध, स्वाद
कुछ भी नहीं जानते।
मध्यस्थ तुम भी नहीं बनोगे
वहाँ जाकर सिर्फ़ हर बन्दूकधारी से
इतना भर कहोगे

कि चलो उस चट्टान के पीछे
सूखी सी झाड़ी पर
खिले जंगली फूल को
तोड़ कर उसे दो
जो तुम्हारी
प्रतीक्षा में तो नहीं
लेकिन जिसके लिए
तुम्हें देख पाने से बढ़कर
और कुछ भी नहीं।
और उस अर्धजीवित अस्थिपंजर को
जो विधिवत तुम्हारा बेटा तो नहीं है—
लेकिन तुम्हारी ही रक्त गंध है उसमें
उसे गोद में उठा कर कहोगे
कि किसी को कभी भी
उसके कन्धे पर बन्दूक़ नहीं रखने दोगे।
उसके रस्सी जैसे बालों में
हाथ फिरा कर—
उसे ख़ूब प्यार करोगे।

और फिर अगर आँखें भर आएँ
तो छिपाओगे नहीं
उसे देखने दोगे
कि उसके लिए भोजन से अधिक
जीवनदायी तुम्हारी गीली आँखें हैं।

तुम्हारी यात्रा के
अनेक पड़ाव होंगे—
थोड़ा सुस्ता कर
फिर चल पड़ने के लिए।
निश्चित केवल मन है,
मंज़िल नहीं
केवल एक बहाव है
अपनी ही दिशा में—
अपनी ही नदी पर सवार
अनन्त ही अन्त है।

तेरह

अन्यथा

आज तुम्हारी सब की साँझी
और अलग-अलग चुनौती है
कि तुम सब जो हो
वास्तव में
वही होना चाहते हो कि नहीं।
आज की साँझ
कल के जिस सूर्य को जन्म देगी
वह कन्दराओं के भीतर टिमटिमाने वाला
मद्धिम-मद्धिम दीपक जैसा नहीं होगा
जिसकी रोशनी में
सब कुछ मायावी और सुन्दर लगता है
लेकिन जिस दीपक के आधार में
जमे हुए अँधेरे से
तुम हर छोटे-मोटे युद्ध के बाद
हताहत होकर लौटते हो

लेकिन लौटते अवश्य हो—
मरते नहीं
कल प्रात: के बाद तुम्हारा
युद्ध सर्वव्यापी होगा
हर घर में, हर मन्दिर-गिरजा में
हर शिक्षा संस्थान में
हर कारखाने, कार्यालय में

जहाँ मानव और स्वयं उसकी प्रकृति
एक-दूसरे को पराजित करने के प्रयास में
चुक जाते हैं।
आज के बाद
तुम्हारा लौटना नहीं होगा
हताहत होकर लौटना नहीं होगा
तुम्हारी नदी—
तुम्हारा शव
एक विजयी शव
अपने वक्ष पर उछालती हुई
उस महासमुद्र को समर्पित करेगी
जहाँ अस्तित्व और अनस्तित्व का अन्तर
स्वयं समाप्त हो जाता है।
अन्यथा
लौट चलो अभी
अपनी इस रक्तिम नदी की तरफ़
पीठ फेर कर चल पड़ो

उसी द्वारपाल रक्षित भवन की तरफ़
और उसे निर्भय करते हुए
स्वर्ण मंडित पूजाघरों की तरफ़
और उनके पीछे से होकर जाते हुए
उन सुरक्षित रास्तों की तरफ़
जो कुछ ही देर में
तुम्हारे कन्दरा द्वार तक
तुम्हें पहुँचा देंगे
द्वारपाल पत्थर हटाकर
तुम्हें भीतर
आने का निमंत्रण देगा
भीतर का सुखद
झीना-झीना अँधेरा
तुम्हें चमत्कृत करे,
इससे पहले ही तुम
अपने घुटनों पर बैठकर
प्रार्थनारत हो जाना कि
हे प्रभु हम सौ साल जीयें।

⚙⚙⚙